Naiem Ahmadinejadfarsangi

# Un fou nommé Trump

Naiem Ahmadinejadfarsangi

# Un fou nommé Trump

## دیوانه ای به نام ترامپ

Éditions Muse

Cover image: www.ingimage.com

Publisher:
Éditions Muse
is a trademark of
International Book Market Service Ltd., member of OmniScriptum Publishing Group
17 Meldrum Street, Beau Bassin 71504, Mauritius
Printed at: see last page
**ISBN: 978-620-2-29773-8**

# Un fou nommé Trump

## دیوانه ای به نام ترامپ

Naiem ahmadinejadfarsangi

## Table des matières

Dans une lettre adressée au Congrès américain, le président américain a réaffirmé que l'assassinat du général Shahid Soleimani avait été commis sur ses propres ordres et a réitéré que l'acte terroriste avait été perpétré afin de protéger les forces et le personnel américains stationnés dans la région. Dans une lettre adressée mardi au Congrès américain, le président américain Donald Trump a réitéré que l'assassinat du général Soleimani à l'aéroport de Bagdad visait à protéger les forces et le personnel américains stationnés en Irak et dans d'autres pays de la région.

Dans une lettre au Congrès, accompagnée d'un rapport intitulé "War Authority Report", Donald Trump a affirmé: "Comme je l'ai rapporté en janvier, j'ai ordonné une attaque [de drone] en Irak qui [martyr] "J'ai extradé Qassem Soleimani, commandant de la Force Qods du CGRI, en réponse à une série d'attaques de l'Iran et de ses milices soutenues contre les forces et intérêts américains au Moyen-Orient."

"J'ai ordonné cette action pour protéger le personnel américain et pour empêcher l'Iran de mener et de soutenir de nouvelles attaques contre les forces et les intérêts américains, la capacité de l'Iran et des milices soutenues par le CGRI à mener des attaques", a-t-il déclaré. "Contre les forces américaines] et mettre un terme aux attaques et menaces stratégiques de l'Iran contre les intérêts américains."

Aux petites heures du vendredi 13 décembre, le lieutenant-général Qassem Soleimani, commandant de la Force Quds des gardiens de la révolution, et Abu Mahdi al-Mohandes, commandant adjoint des forces de mobilisation populaire, et plusieurs autres membres de l'organisation ont été tués dans une frappe de drone dirigée par les États-Unis près de l'aéroport international de Trump. Ils ont été martyrisés à Bagdad. Compte tenu de la détermination de l'Iran à répondre à cet acte terroriste américain, Donald Trump a menacé que si l'Iran prenait des mesures contre les forces et les intérêts américains dans la région, il ferait face à une forte réponse. Il a même affirmé que 52 points, y compris des sites culturels en Iran, avaient été désignés comme cibles militaires et seraient visés si l'Iran agissait contre les États-Unis.

Malgré cette menace apparemment sérieuse de Trump, le Corps des gardiens de la révolution islamique (CGRI) dans la matinée du mercredi 7 janvier, en réponse à l'assassinat lâche du général Haj Qassem Soleimani par les forces américaines près de l'aéroport de Bagdad, a fermé la base d'Ain al-Assad, la plus grande base américaine en Irak et l'une de ses plus grandes. Il a tiré des roquettes sur la zone. L'attaque a eu lieu cinq jours après le martyr de Sardar Soleimani, à exactement 1h20 du matin, au moment où Sardar Soleimani et son entourage ont été martyrisés par des terroristes américains à l'aéroport de Bagdad. Au lendemain de la frappe de missiles, le président américain a affirmé qu'aucun des militaires américains n'avait été endommagé à la base d'Ain al-Assad et que seuls des dommages mineurs avaient été causés à l'équipement; Une affirmation qui dans les jours suivants est devenue absurde avec la révélation des médias.

Avec l'assassinat du martyr Soleimani, d'Abu Mahdi al-Mohandes et des complices de ces responsables en Irak, les États-Unis ont commis la guerre et le terrorisme d'État. Les Américains ont accusé d'autres pays, y compris l'Iran, de soutenir le terrorisme, bien qu'ils aient créé et renforcé des groupes terroristes ces dernières années. Le même pays qui accuse l'Iran de terrorisme d'État est lui-même le martyr du chef des forces antiterroristes de la région.

Bien entendu, les actes terroristes du gouvernement américain et de ses alliés ne se limitent pas à cela, et la région ou d'autres parties du monde ont été témoins du terrorisme d'État américain au fil des années et des décennies. En fait, l'histoire de l'utilisation du terrorisme d'État par le Parti libéral-démocrate remonte à la guerre froide.

À la fin des années 1970, Noam Chomsky et Edward Herman ont écrit plusieurs livres sur l'implication américaine dans le terrorisme d'État. Simultanément à la publication de ces livres, Amnesty International et des organisations de défense des droits humains ont publié des rapports faisant état d'une "épidémie" de torture et de meurtres par le gouvernement.

Chomsky et Hermann ont écrit que le complot d'assassinat américain se concentrait sur son influence dans les pays du tiers monde et que 74% des régimes qui utilisaient la torture dans leurs gouvernements étaient des alliés américains.

Alexander George a également écrit un livre en 1991 prônant le terrorisme dans les pays en développement. Il a écrit dans le livre que les États-Unis et leurs alliés étaient les principaux partisans du terrorisme dans le monde.

"Le terrorisme n'est pas un ennemi, c'est une tactique, comme l'ont souligné de nombreux critiques", a déclaré

William Odom, directeur de l'Agence de sécurité nationale sous Ronald Reagan. Parce que les États-Unis eux-mêmes ont une longue histoire de soutien aux terroristes et d'utilisation de tactiques terroristes. "Le slogan de la guerre contre le terrorisme américain fait simplement que le reste du monde considère l'Amérique comme une épée à double tranchant."

Des documents confidentiels de l'ambassade américaine à Jakarta, qui ont été déclassifiés en 2017, montrent que le gouvernement américain, depuis le tout début, a été profondément impliqué dans la campagne de massacre en Indonésie qui a conduit à la montée au pouvoir de Suharto. Cela ne serait pas arrivé sans le soutien des États-Unis et de leurs alliés occidentaux. La Cour internationale de justice de La Haye a statué en 2016 que le massacre était un crime contre l'humanité et que les États-Unis et d'autres gouvernements occidentaux étaient complices de ce crime.

De 1981 à 1991, les États-Unis ont fourni des armes massives, une formation et une assistance financière et logistique aux rebelles Contra (au Nicaragua) qui ont utilisé des tactiques terroristes pour combattre le gouvernement nicaraguayen. Le groupe a mené environ 1 300 attaques terroristes. La CIA était à l'avant-garde des opérations américaines pour soutenir les activités des Contras contre le gouvernement sandiniste. Au cours de l'année fiscale 1984, le

Congrès américain a approuvé 24 millions de dollars pour aider les Contras.

Pendant la guerre civile au Nicaragua, l'administration Reagan aux États-Unis a fait campagne pour changer l'opinion publique en faveur des Contras jusqu'à ce que le Congrès vote en leur faveur. En 1984, le gouvernement nicaraguayen a intenté une action en justice contre les États-Unis devant la Cour internationale de justice. Le tribunal a obtenu des preuves irréfutables d'une relation très étroite entre les États-Unis et les Contras. En 1984, la Cour internationale de justice a statué que les États-Unis devraient arrêter l'exploitation minière dans les ports nicaraguayens et respecter l'intégrité du Nicaragua.

Le gouvernement américain a également soutenu les exilés cubains après la révolution de 1959 à Cuba, en particulier pendant le mandat de George W. Bush. Parmi les déportés se trouvaient Orlando Bush et Luis Posada Carrilles, impliqués dans l'attentat à la bombe à Cuba en 1976. Bush (un exilé cubain) était également responsable de 30 autres opérations terroristes. Carlisle était un ancien agent de la CIA qui avait commis un certain nombre d'actes terroristes alors qu'il était en contact avec la CIA.

La liste des sponsors américains du terrorisme est une longue liste qui nécessite la rédaction de plusieurs ouvrages. Ce qui est clair à propos des États-Unis, c'est le rôle évident des États-Unis dans le terrorisme d'État, qui ne connaît pas de frontières. Mais les États-Unis, à leur surprise et à leur incrédulité, accusent les autres de soutenir le terrorisme et vident les poches des autres, y compris de leurs amis, sous prétexte de lutter contre le terrorisme auto-infligé.

## Défendre les vrais héros de la lutte contre le terrorisme

Le terrorisme est un acte organisé et extrêmement violent qui s'accompagne d'attaques imprévisibles contre des individus, des gouvernements et des nations. À l'époque actuelle, aucun mot comme le terrorisme n'a été si inquiétant et dégoûtant que l'entendre évoque une liste de formes de violence, de meurtre, de torture et d'assassinat dans l'esprit humain. Terrorisme sans frontières Et s'il en a l'occasion, il causera le chaos dans le monde avec tout ce qu'il a.

Bien que la communauté internationale ait pleinement condamné le terrorisme et que les Nations Unies aient publié de nombreuses résolutions condamnant le terrorisme, des individus ou des gouvernements soutenant le terrorisme, le terrorisme en tant qu'arme gagnante et accessible Les terroristes continuent de sacrifier la vie et la sécurité de femmes, d'hommes et d'enfants innocents à leurs propres désirs diaboliques et augmentent le nombre de leurs victimes. Les victimes du terrorisme sont des personnes qui, à la suite d’opérations terroristes et en violation flagrante du droit des droits de l’homme, individuellement ou collectivement, ont subi des souffrances et des blessures physiques et psychologiques. La raison de cette affirmation est l'assassinat de plus de 17000 personnes en Iran, le meurtre de 20000 civils au Pakistan, le meurtre de 3000 personnes aux États-Unis, l'assassinat de plus de 1300 personnes en Inde, 827 personnes en Espagne et le meurtre et les blessures de près de 500000 Les gens en Syrie et en Irak. L'existence de tant de victimes du terrorisme dans le monde reflète le fait qu'à l'époque actuelle, le terrorisme est passé d'une menace nationale à une menace internationale.

Au vu de ces faits, l'Association pour la défense des victimes du terrorisme, au nom des 17 000 victimes du terrorisme en Iran, estime que si la communauté internationale accordait plus d'attention à l'amère réalité du meurtre d'innocents par le terrorisme aveugle dans les pays terrorisés. Et il prenait des mesures sérieuses pour lutter contre les terroristes sous tous ses aspects. Maintenant, nous n'avons pas été témoins des actions brutales des terroristes en Irak, en Syrie, au Nigéria, au Pakistan et en Afghanistan, en France et ainsi de suite. Dans cet esprit, l'Association pour la défense des victimes du terrorisme estime qu'il est devenu plus nécessaire de fournir une définition globale et unifiée du terrorisme, en évitant de diviser le terrorisme en bien et en mal, et la nécessité d'une confrontation sérieuse avec ce phénomène inhumain. Malheureusement, ces derniers mois, le monde a été témoin de la propagation des crimes du groupe terroriste ISIS. La profondeur et la portée des atrocités commises par l'EIIL sont telles que diverses organisations internationales, y compris le Conseil de sécurité des Nations Unies, ont émis des résolutions contre le groupe terroriste en vertu du Chapitre VII de la Charte. L'Association pour la défense des victimes du terrorisme, citant la résolution 2170 du Conseil de sécurité, adoptée en août 2014, dans laquelle le Conseil a approuvé la saisie d'embargos sur les biens et les armes pour l'EIIL, Jabhat al-Nusra, des individus, des groupes et des institutions affiliés à al-Qaïda. Compte tenu du principe de l'absence de terrorisme bon et mauvais, il convient qu'une résolution similaire soit adressée à tous les groupes terroristes du monde entier responsables du meurtre d’innocents, afin de lutter contre le véritable combat contre le terrorisme. Et soutenez toutes les victimes du terrorisme. Citant également la résolution 2178 du Conseil de sécurité de l'ONU sur la coopération internationale urgente des gouvernements pour empêcher le mouvement des combattants terroristes dans les zones de conflit, y compris leur entrée et leur sortie, et la nécessité d'une action gouvernementale pour empêcher le recrutement d'organisations, l'organisation Fournir, déplacer ou équiper des personnes qui se rendent dans d'autres pays pour préparer, planifier ou participer à des activités terroristes, et le besoin immédiat et urgent d'empêcher les déplacements et le soutien de combattants terroristes étrangers affiliés à l'État islamique d'Irak et du Levant Al-Nusra et d'autres affiliés d'al-Qaïda, qui ont été approuvés à l'unanimité par 15 membres du conseil en septembre 2014, estiment que tous les groupes terroristes doivent recruter et recruter de nouveaux membres pour survivre. Par conséquent, il convient de surveiller l'entrée et la sortie des personnes des points frontaliers afin de prévenir et de contrôler l'entrée et la sortie des terroristes. Citant également les dispositions de la résolution 1373 du Conseil de sécurité adoptée en septembre 2001, selon laquelle les États membres L'Organisation des Nations Unies est appelée à prendre des mesures complémentaires dans le domaine de la lutte contre le terrorisme et L'Association pour la défense des victimes du terrorisme estime que l'octroi de l'asile aux terroristes par les gouvernements et leur fournir des installations et des installations constitue un manque d'asile. Il est important de prêter attention aux droits des victimes du terrorisme et de confirmer leurs actes terroristes, il convient donc d'interdire l'asile et de fournir toutes facilités aux terroristes conformément à la résolution du Conseil de sécurité, afin de lutter contre le terrorisme et de défendre plus sérieusement les victimes du terrorisme. Être considéré. Étant donné la condamnation du terrorisme, aucun gouvernement n'est disposé à se présenter comme sponsor de groupes terroristes, il est donc suggéré qu'après avoir atteint une définition complète et unifiée du terrorisme, un comité d'enquête soit mis en place par les institutions compétentes pour Présenter des gouvernements qui fournissent un soutien financier, en armes et en renseignements aux groupes terroristes, de sorte qu'en plus de traiter sérieusement avec ces États sous la forme de sanctions financières et d'armes, ils seront également responsables de l'indemnisation des victimes du terrorisme. Prendre.

## Collègues américains sans vergogne

Le 3 février 2005, le réseau de télévision ARD. L'Allemagne a diffusé un rapport sur les plans secrets américains contre l'Iran dans le cadre du programme populaire «Monitor».

Les auteurs du rapport, Marcus Schmidt et Johann Gotz, ont révélé le rôle du groupe terroriste hypocrite dans le programme secret dans une interview avec deux anciens membres du personnel de la CIA et du Pentagone.

Selon vous, quel est un résumé du programme: Marcus Schmidt: Une frappe militaire contre l'Iran est toujours à l'ordre du jour et un plan est en préparation. Dans ce plan, les combattants Mojahedin Khalq joueront un rôle important.

Le MEK est-il aujourd'hui un allié secret des États-Unis? L'ancien agent de la CIA Ray McGovern est absolument convaincu que tel est le cas. Ray McGovern: «La raison pour laquelle les États-Unis collaborent avec des organisations comme les Mojahedin, c'est parce qu'ils sont dans la région, et parce qu'ils sont prêts à travailler pour notre cause. «Nous avions l'habitude de les considérer comme une organisation terroriste, et c'est exactement cela, mais maintenant ce sont nos terroristes et nous n'hésiterons pas à les envoyer en Iran».

Johann Gotz: Depuis des années, le Pentagone s'efforce de retirer les Moudjahidine de la liste des groupes terroristes et de les reconnaître comme une force libératrice. Pour les planificateurs de guerre, ils restent des alliés «innés» parce qu'ils sont formés à l'art du sabotage et de la cohésion.

Ray McGovern: "Ils sont de l'autre côté de la frontière terrestre pour mener une série d'opérations de renseignement de sécurité, telles que le déploiement d'équipements spéciaux pour surveiller les installations nucléaires de l'Iran, cibler les chasseurs aériens, et éventuellement installer des cachettes pour contrôler les bases militaires iraniennes et quantitativement." "Le sabotage est également envoyé en Iran."

Karen Kwiatkowski, une ancienne employée du Pentagone, a déclaré: «Les Moudjahiddines sont prêts à faire des choses que nous avons honte de faire. Des choses sur lesquelles nous préférons garder le silence. "Et nous les utilisons pour faire ce genre de travail."

Marcus Schmidt: Selon une étude menée par Monitor, une société privée spécialisée dans la formation militaire appelée Global Option, le Pentagone recrute des instructeurs militaires pour former les Mojahedin et prend les dispositions nécessaires pour la coopération (bilatérale). Que pensez-vous de cette connexion militaire ambiguë?

Pat Long, ancien officier du renseignement du Pentagone: Les agences d'espionnage prennent souvent des mesures de sécurité dans leurs opérations qui les empêchent de communiquer avec le gouvernement qui leur a ordonné de le faire. L'importance de cette question est que si l'opération n'a pas abouti, on peut prétendre que le gouvernement ne s'est pas du tout mêlé de cette question et que d'autres l'ont fait. «Les Mojahedin sont toujours dans le 'deal'. Cette fois, pas avec Saddam Hussein, mais avec les États-Unis. "Toujours utilisable et toujours un outil des pouvoirs." Ray McGovern: "Ce sont des terroristes, mais il y a une grande différence entre qu'ils soient mes terroristes ou vous."

Le même jour, l'hebdomadaire allemand "Focus" a couvert les opérations d'espionnage américaines contre l'Iran en utilisant des membres des Moudjahidine. "Il ne fait aucun doute à Washington que ce groupe est un bon outil pour faire pression sur l'Iran", a écrit Focus, citant Rai McGovern, à côté des images d'un défilé de chars fournies par Saddam Hussein. L'ancien responsable de la CIA a suggéré que Washington voulait utiliser les Moudjahidine contre l'Iran, ajoutant: "Ces forces sont maintenant envoyées en Iran pour des activités de renseignement de l'autre côté de la frontière".

## Les hypocrites et la CIA

Le London Telegraph a rapporté dans un rapport intitulé "Le soutien américain aux groupes terroristes pour créer des troubles en Iran" qu'un haut responsable de la CIA avait secrètement soutenu le gouvernement américain avec des organisations terroristes en Iran pour accroître la pression sur l'État islamique et suspendre ses activités. Son noyau a été dévoilé. Le rapport se concentre sur le financement des groupes terroristes directement à partir du budget secret de la CIA.

Dans un documentaire de Vanguard, Robert Bauer, un

officier à la retraite bien connu de la CIA, a déclaré que les États-Unis étaient en guerre contre l'Iran depuis des années par le biais de leurs groupes terroristes affiliés, notamment On peut se référer à PJAK. "Les médias internationaux ignorent complètement l'affirmation de Téhéran selon laquelle les États-Unis ont été impliqués dans des attaques terroristes en Iran pour secouer le gouvernement et ouvrir la voie à une frappe militaire", a déclaré Bauer. "Mais il est clair que la CIA utilise Il poursuit exactement le même objectif que ses groupes terroristes affiliés.

Il a poursuivi: "Washington lance depuis longtemps une attaque contre l'Iran par l'intermédiaire de ses groupes terroristes affiliés". L'agence d'espionnage américaine parraine ouvertement des groupes terroristes opérant pour déstabiliser Téhéran. Le London Telegraph rapporte: «Selon des sources de renseignement, George W. Bush a autorisé la CIA à mener des opérations secrètes pour changer le régime en Iran. En signant un document officiel, Bush a approuvé les plans de la CIA pour secouer et finalement renverser le gouvernement religieux iranien par des bombardements de propagande et de la désinformation.

De nombreuses personnalités crédibles, y compris d'anciens membres des services de renseignement américains et de l'armée américaine, ont déclaré que le gouvernement américain menait des opérations militaires secrètes sur le sol iranien dans le but de frapper les gardiens de la révolution et d'utiliser des groupes armés.

Le Democratic Journal of Arkansas (août 2008), citant Scott Ritter, l'inspecteur en chef des armes de l'ONU en Irak (1991 à 1998), a rapporté que la CIA était activement impliquée dans le groupe de résistance iranien, qui est responsable des opérations de sabotage en cours. - avec toutes ses conséquences extrêmement meurtrières - a été favorable à l'intérieur de l'Iran. «... Il est étrange que ce groupe, les Mojahedin Khalq, ait été répertorié comme organisation terroriste par notre ministère des Affaires étrangères. L'Organisation Mojahedin Khalq a collaboré avec Saddam Hussein et a même combattu en tant qu'allié dans la guerre contre ses compatriotes. Mais l'OMPI poursuit le même objectif que les administrations Bush et chinoise: un changement de régime à Téhéran. Ils peuvent donc être utilisés à des fins américaines. Quand un terroriste n'est-il pas un terroriste? "Quand il est de votre côté ...".

Le journal Milli Gazete, basé à Islamabad, écrivait en avril 1993 que l'organisation hypocrite avait mis en place diverses missions, notamment en Turquie et en Irak, avec les vastes ressources financières qu'elle recevait de la CIA.

Le journal ajoute dans son reportage intitulé "Terrorisme américain en Iran": Les hypocrites sont entraînés par la CIA à travers leurs missions en Irak et en Turquie et envoyés en Iran pour mener des opérations.

Le New York Times a écrit en 1995 sur la relation des hypocrites avec la CIA et les intentions américaines en Iran:

«Le but de la CIA est de renverser le gouvernement iranien, pas seulement de fournir une aide financière à l'OMPI. "Ce budget est axé sur la diffusion de propagande contre l'État islamique."

## Qui a profité du 11 septembre?

1. Le milliardaire juif Larry Silverstein a acheté la propriété du complexe du World Trade Center deux mois avant les attentats du 11 septembre. Le complexe du World Trade Center a été fondé et possédé par la famille Rockefeller et a été le premier changement de propriétaire en 33 ans d'histoire.

Larry était le chef de l'Appel public juif, la plus grande organisation sioniste aux États-Unis qui lève et soutient des fonds pour Israël (le régime sioniste). Louis Eisenberg, l'ancien chef de la New York Ports Authority et la personne qui a personnellement supervisé les négociations pour le transfert de propriété du complexe du World Trade Center à Silverstein sur un bail de 99 ans, est également un ancien dirigeant de l'Appel public juif. Est.

La première commande de Larry Silverstein en tant que nouveau propriétaire du complexe du World Trade Center était de changer la société responsable de la sécurité du complexe: la nouvelle société de sécurité qu'il a embauchée était Skiurakam (maintenant appelée Stratask). 4) ont été modifiés) Marvin Bush (5), frère de George W. Bush, membre du conseil d'administration de la société et "Rit Walker III", cousin de George et Marvin Bush, était son PDG. Selon des sources non officielles, Securacom a assuré non seulement la sécurité électronique du World Trade Center, mais également l'aéroport international et US Airlines, deux centres qui ont joué un rôle clé dans les attentats du 11 septembre.

Bien que Silverstein n'ait été qu'un locataire des bâtiments du World Trade Center, il était le seul à bénéficier des contrats d'assurance. Il a augmenté les primes d'assurance deux mois avant la catastrophe. Le montant de l'assurance était de 3,6 milliards de dollars, mais il a inclus une clause vague dans la police d'assurance qui lui permettait de réclamer le double de ce montant, 3,6 milliards de dollars pour chaque «attaque»! Ils ont également confié la reconstruction du World Trade Center à Daniel Leibskind, l'architecte juif du Musée juif de Berlin.

2. La première réponse internationale américaine au 11 septembre fut le bombardement de l'Afghanistan; Sur la base de l'hypothèse que les Afghans étaient impliqués dans l'attaque. À la suite de cette réaction, l'industrie de l'héroïne en Afghanistan a été relancée et le pays est devenu un paradis pour les cartels de la drogue locaux et internationaux. Sans aucun doute, la guerre à différentes époques a été profitable pour certaines industries. La plupart des historiens de la guerre disent que le profit est la conséquence inévitable de la guerre pour les marchands de mort.

3. Il est intéressant de noter que les pays attaqués par les États-Unis dans la «guerre contre le terrorisme» sont des territoires dotés de réserves stratégiques de pétrole et de gaz, dont le «contrôle» est essentiel pour la civilisation industrielle américaine et les grandes compagnies pétrolières. Rappelons le projet américain de construire un oléoduc qui devait transporter du pétrole et du gaz de la mer Caspienne aux États-Unis via l'Afghanistan, le Pakistan et l'océan Indien.
4. Certains partisans de politiques économiques extrémistes basées sur une économie libre, comme Paul Bremer, le premier dirigeant militaire américain en Irak, ont tenté de réécrire la constitution irakienne

pour promouvoir un système de marché libre basé sur des principes économiques néolibéraux afin qu'ils puissent facilement Saisissez les ressources de ce pays. Si vous regardez l'histoire des relations américaines avec Saddam Hussein, vous verrez que les Américains n'avaient pas de problème avec Saddam jusqu'à ce qu'il ait évincé leurs compagnies pétrolières d'Irak. En fait, ils exigeaient la part du lion du butin.

5. Les hommes d'État américains de droite, en particulier les chrétiens et les juifs de droite qui promeuvent l'islamophobie, ont bénéficié du 11 septembre. Afin d'empêcher les musulmans d'influencer la culture occidentale, ces religieux de droite ont lancé une guerre de propagande constante

contre les musulmans à travers l'Ouest après le 11 septembre.

6. La pensée totalitaire aux États-Unis après le 11 septembre a pu restreindre et détruire les libertés civiles en exploitant une nouvelle «peur» appelée terrorisme. Du fait de la surveillance des citoyens au nom de la «sécurité intérieure», les États-Unis sont devenus de plus en plus un pays fasciste. La pensée totalitaire permet d'espionner les citoyens par des «entreprises privées»; Les entreprises qui prennent de l'argent à la communauté des contribuables pour espionner ses membres et enregistrer leurs dossiers, tout en étant exonérées d'impôts. Obama et son équipe

n'ont rien fait pour faire une réelle différence dans le statu quo, et en fait, ils ont ajouté à cette tyrannie.

## La grave réalité du déclin de la civilisation occidentale

Nous devons adopter une approche agressive de la question des droits de l'homme américains et de son explication; Parce que les États-Unis sont connus comme l'axe et le pôle de la civilisation occidentale, qui possède la plus grande puissance économique, politique et médiatique de la civilisation occidentale. Ainsi, l'avantage de discuter des droits de l'homme américains est que nous pouvons d'abord exposer les failles intellectuelles et épistémologiques, puis les faux slogans de la civilisation occidentale, et enfin montrer que le déclin de la civilisation occidentale est un fait sérieux; Parce que l'apparition de défis fondamentaux dans les principales dimensions d'une civilisation indique la survenue d'une crise.

En ce qui concerne l'importance de la question des droits de l'homme américains, il faut dire que le traitement de cette question, tout en présentant une approche agressive et en créant un équilibre entre la civilisation islamique et occidentale, met également en évidence les dimensions critiques de la civilisation occidentale. Par conséquent, si nous considérons ces cas avec les ordres du Guide suprême concernant la réalisation d'une nouvelle civilisation islamique et le déclin de la civilisation occidentale, nous constaterons que dans le système intellectuel de Sa Sainteté, cette question est tout à fait stratégique. Nous devons également noter que notre approche de la civilisation occidentale n'est pas défensive; Il s'agit plutôt d'une approche agressive, et en d'autres termes, avec cette approche, nous devons révéler les vraies dimensions de la civilisation occidentale et nous présenter comme une civilisation alternative.

Quant à ce que sont les droits humains américains, nous pouvons pointer vers quatre axes; Le premier axe concerne les dimensions thématiques et de fond des droits de l'homme et les formes de connaissances qui existent dans les conventions et définitions des droits de l'homme; De sorte que la philosophie islamique et les questions jurisprudentielles posent également de sérieux problèmes. Le deuxième axe, les questions des droits de l'homme et ses défis, pas en termes d'opinion; C'est en pratique.

De telle manière qu'un long chapitre des problèmes de la civilisation occidentale a été créé au poste de direction. L'un des principaux défis est que les États-Unis, en tant que revendicateur des droits de l'homme, n'ont pas signé de nombreuses conventions relatives aux droits de l'homme et, dans certains cas, les ont adoptées aux Nations Unies. Elle n'a pas été acceptée, elle a également laissé certains traités internationaux.

Pendant la présidence de Trump, les États-Unis se sont retirés de huit à neuf conventions et organisations internationales. Le troisième axe concerne les cas de violations des droits de l'homme aux États-Unis, de sorte qu'il y a une longue liste de violations des droits du peuple américain ou des immigrants vivant dans ce pays.

Le quatrième axe est l'exemple des violations des droits de l'homme à l'ère internationale au cours de laquelle les États-Unis ont été soit partie à la guerre, soit joué un rôle central dans plus de 100 guerres contemporaines au cours du siècle dernier. Des documents montrent également que les Américains ont contribué à tuer des centaines de millions de personnes dans le monde, par exemple 50 millions d'Africains en Afrique et plus de 1 à 5 millions aux États-Unis en Irak et en Afghanistan, selon le livre en cinq volumes. Publié par cet institut, des exemples de violations des droits de l'homme ont été publiés.

Plus précisément sur ce que sont les droits humains américains concernant les crimes que les États-Unis ont commis contre le peuple iranien avant et après la révolution; Selon les recherches menées, une centaine de cas de violations des droits de l'homme et de crimes contre la nation iranienne ont été enregistrés. Il convient également de noter que les États-Unis ont subi des défaites majeures dans divers domaines face à l'Iran; L'attaque d'Ain al-Assad, la tragédie du martyre de Sardar Soleimani, le président d'un autre pays qui a officiellement pris la responsabilité de ce crime international flagrant, le transport de pétroliers au Venezuela et les événements qui ont eu lieu lors des manifestations antiracistes aux États-Unis. Toujours dans le cas de la condamnation des crimes américains, il faut dire que nous ne sommes pas seuls, les États-Unis ont participé à de nombreuses guerres, de sorte que les ambassades américaines ont un dossier noir et leurs documents ont été publiés par les services de sécurité américains. En fait, divers pays et organisations internationales, comme Amnesty International et Human Rights Watch, et des dizaines d'institutions et d'organisations aux États-Unis, sont avec nous en ce qui concerne les crimes américains. Enfin, un regard global sur la manière d'aborder la question des droits humains américains doit être envisagé dans le contexte des droits humains américains avec une approche agressive et comme talon d'Achille pour façonner l'avenir du monde islamique; Nous devons utiliser les capacités, les organisations, les capacités scientifiques et les contenus gouvernementaux et non gouvernementaux dans toutes les dimensions, et les séminaires doivent être inclus dans les dimensions des problèmes épistémologiques, et les institutions juridiques doivent être incluses dans les dimensions juridiques de la question et les centres scientifiques et internationaux.

Et obtenir un raccourci pour atteindre notre avenir souhaité.

## Révéler les crimes de l'Amérique contre son propre peuple

La réalisation la plus importante des grandes puissances pour faire pression sur les pays indépendants et atteindre des objectifs hégémoniques est les droits de l'homme, et l'Iran a le plus souffert de ce domaine.

Si nous voulons énumérer certains des crimes commis par les États-Unis en Iran, nous pouvons mentionner ce qui suit: L'attaque d'un avion de ligne iranien le 3 juillet 1981, au cours de laquelle des femmes et des enfants innocents ont été martyrisés. Le martyre de 17 000 personnes innocentes à la suite d'actes terroristes en 1981, de sorte qu'au début des années 60, nous avons assisté à l'assassinat quotidien de 30 personnes à Téhéran, et tout le monde a été assassiné simplement pour avoir l'apparence du Hezbollah; Cependant, au cours de ces années, avec l'aide des forces révolutionnaires et l'aide du peuple et du parquet, les racines des hypocrites se sont taries à l'intérieur du pays; Mais aujourd'hui, ils complotent à l'étranger. Le martyre de plus de 200000 personnes pendant la guerre imposée dans laquelle les États-Unis étaient directement ou indirectement impliqués, la blessure de plus de 700000 personnes pendant la guerre imposée, le martyre de plus de 13000 personnes en raison de l'utilisation d'armes chimiques et de plus de 4000 agents des forces de l'ordre Qui ont été martyrisés dans la lutte contre la drogue. D'autre part, la violation généralisée des droits du peuple iranien à la suite de sanctions oppressives a été une action qui s'est poursuivie jusqu'à ce jour et s'est intensifiée d'année en année, une sanction qui a fait pression sur la nation iranienne.

De plus, aujourd'hui, la situation des droits de l'homme aux États-Unis est devenue telle que nous assistons au traitement criminel des États-Unis par son propre peuple, un comportement qui est devenu public et est observé par le monde entier. Le traitement raciste des

Noirs par les États-Unis a déclenché des manifestations populaires auxquelles non seulement les Noirs, mais tous les Américains ont pris position. Aujourd'hui a montré les paroles du guide suprême qui a dit; Nous voyons les États-Unis décliner. "Je pense que Trump est peut-être l'une de ces figures de l'histoire qui vient parfois annoncer la fin d'une époque", a déclaré Henry Kissinger, un théoricien américain sur le déclin des États-Unis. En fait, la situation est telle que les théoriciens américains considèrent Trump comme l'un des facteurs influençant le déclin des États-Unis.

Ce qui semble être le cas aujourd'hui, c'est que nous devons saisir l'opportunité qui s'est présentée, l'Iran devrait saisir cette opportunité du déclin des États-Unis pour sa propre influence et sa propre présence. Aussi, en couvrant la situation aux États-Unis, les médias devraient avoir pour mission de montrer le déclin des États-Unis et la vérité des États-Unis, malgré les crimes et sanctions contre le peuple iranien. La sauvagerie de l'Occident s'est accrue depuis l'époque où ils n'attaquaient qu'avec des épées et des lances.

# Références

[1] Mur d'écrits, Lettre de lumière, n ° 6 et 7, février 1980

[2] Documents des nids d'espionnage américains; Livre IX, Institut d'études et de recherches politiques, p. 400 et 403

[3] Précédente, page 575

[4] Dictionnaire des slogans de la révolution islamique, Centre de documentation de la révolution islamique, p.104

[5] Mur d'écritures, lettre de lumière

[6] Documents sur les nids d'espionnage américains; Livre 3, Institut d'études et de recherches politiques, page 411

[7] Mission à Téhéran, Mémoires de Robert Heiser, Téhéran: Centre de documentation de la révolution islamique, pp. 311-304.

[8] Documents sur les nids d'espionnage américains; Livre IX, p

Printed by Books on Demand GmbH, Norderstedt / Germany